# SCENT OF THE UNSEEN
VÔŇU NEVIDENÉHO

## Mila Haugová
# Scent of the Unseen
VÔŇU NEVIDENÉHO

❦

Translated by James
& Viera Sutherland-Smith
Introduced by Fiona Sampson

2003

Published by Arc Publications,
Nanholme Mill, Shaw Wood Road
Todmorden OL14 6DA, UK

Copyright © Mila Haugová 2003
Translation copyright
© James & Viera Sutherland-Smith 2003
Introduction copyright © Fiona Sampson 2003

Design by Tony Ward
Printed at Antony Rowe Ltd.
Eastbourne, East Sussex

ISBN 1 900072 39 4

Cover photograph
by B.H.X. Lohmer

The publishers acknowledge
financial assistance from
ACE Yorkshire

**Arc Publications: 'Visible Poets' series**
**Editor: Jean Boase-Beier**

## CONTENTS

Translator's Preface / 9
Introduction / 14

| | |
|---|---|
| 20 / Tesná maska | Tight Mask / 21 |
| 22 / Aletheia | Aletheia / 23 |
| 24 / Dvojnosť | Doubleness / 25 |
| 26 / viečkami načúva, prosí… | *she listens, begs with her eyelids…* / 27 |
| 28 / 29.11.1995 | 29.11.1995 / 29 |
| 30 / Konečné rozplynutie… | Finally dispersing… / 31 |
| 32 / Miznúce pod dychom | Disappearing under Breath / 33 |
| 34 / Zárodočné dýchanie | Germinating breathing / 35 |
| 36 / Alfa si pomyslí | Alfa considers / 37 |
| 38 / Amarna | Amarna / 39 |
| 40 / Pravták | Forebird / 41 |
| 42 / Pradávna | Ancient / 43 |
| 52 / Alfa varuje muža | Alfa warns the man / 53 |
| 54 / Alfa je naraz bez krídel | Alfa is suddenly without wings / 55 |
| 56 / Svedomie | Conscience / 57 |
| 58 / more ľadu *… | sea of ice * … / 59 |
| 60 / Zabrániť zlu | To withstand evil / 61 |
| 62 / Alfa nosí svoju skrýšu so sebou | Alfa carries her hiding place with her / 63 |
| 64 / Alfa sa blížki k zimnému spánku | Alfa draws close to her winter sleep / 65 |
| 66 / Alfa opúšťa | Alfa departs / 67 |
| 68 / Alfa Centauri | Alfa Centauri / 69 |
| 70 / Kai Alogon | Kai Alogon / 71 |
| 72 / Kai Aneidon | Kai Aneidon / 73 |
| 74 / Ísť | To go / 75 |
| 76 / Dáma s jednorožcom | Lady with unicorn / 77 |
| 78 / Krídlatá žena | Woman with wings / 79 |
| 86 / Prehliadnutie | Scrutiny / 87 |
| 88 / Clara et distincta | Clara et distincta / 895 |
| 90 / Byliny v neviditeľnom… | Herbs in invisible… / 91 |

| | |
|---|---|
| 92 / Vy, ktorí ste sa priblížili k duši rastlín… | You, who drew near the soul of growing things… / 93 |
| 94 / Nostalgie | Nostalgia / 95 |
| 102 / Hlboký lov | Deep hunt / 103 |
| 10 / Pokožka lesa… | The complexion of the forest… / 105 |
| 106 / Rastlinné denníky | Vegetable diaries / 107 |
| 110 / Sebastiana chce byť slovom tela | Sebastian wishes to be the word of the body / 111 |
| 112 / Sebastiana v záhrade | Sebastiana in the garden / 113 |
| 114 / Sebastiana trái nielen seba | Sebastiana torments not only herself / 115 |
| 116 / Súrodenci | Siblings / 117 |
| 118 / Sebastiana tu v slučke slova | Sebastiana here in the noose of the word / 119 |
| 120 / atlas piesku: fotografovane | The atlas of sand: photogravure / 121 |
| 122 / chlapec: | a boy / 123 |
| 124 / daguerrotypia | daguerreotype / 125 |
| 126 / v predtichu púšte… | in the pre-silence of desert… / 127 |
| 128 / vegetačný zvrat:… | a vegetative reverse:… / 129 |
| 130 / Gradiva | Gradiva / 131 |
| 132 / Záhrada Kassandry | The Garden of Cassandra / 133 |

Biographical Notes / 135

**SERIES EDITOR'S NOTE**

There is a prevailing view of translated poetry, especially in England, which maintains that it should read as though it had originally been written in English. The books in the 'Visible Poets' series aim to challenge that view. They assume that the reader of poetry is by definition someone who wants to experience the strange, the unusual, the new, the foreign, someone who delights in the stretching and distortion of language which makes any poetry, translated or not, alive and distinctive. The translators of the poets in this series aim not to hide but to reveal the original, to make it visible and, in so doing, to render visible the translator's task too. The reader is invited not only to experience the unique fusion of the creative talents of poet and translator embodied in the English poems in these collections, but also to speculate on the processes of their creation and so to gain a deeper understanding and enjoyment of both original and translated poems.

*Jean Boase-Beier*

TRANSLATOR'S PREFACE

Mila Haugová was born on 14 June 1942 in Budapest. Her mother is Hungarian although she has lived the best part of her life in the Slovak village of Zajača Dolina not far from Levice in Central Slovakia. In the immediate post-war years, in common with many other families in Central Europe, Mila's family moved from place to place. Her earliest memories are of a nursery school in Nitra beneath the castle run by nuns and of a stud farm near Zlaté Moravce which began a life-time love of horses. Yet another home had a garden, was beside a stream and close to a church instilling a desire to live outside the city, a desire which remains unfulfilled.

From 1951 to 1953 Mila's father was imprisoned for political and class reasons, guilty of 'economic sabotage'. Mother and daughter were forced to move to very modest surroundings which they only left after her father's amnesty following the deaths of Stalin and the Czechoslovak leader, Clement Gottwald. In 1954 her family found a house in Zajača Dolina with long arcades, where her mother lives to this day.

For those who studied Slovak and German in the Philosophical faculties there were 'cadre' expectations. Following her studies at the Agricultural College in Nitra until 1964, Mila even today prizes the circumstances resulting in protection from 'professional deformation' which at this time was characteristic of studies in the prestigious Humanities. "The choice of literature, reading, every initiative I took by myself without any external pressure. The Agricultural College was actually at this time a refuge for kindred spirits, people who had not been chosen by other colleges. The eventual fates of my fellow agricultural students who marched to manual labour, pulling turnips, mucking out pigs and milking cows, were film, art, opera direction, house design, literary journalism in Brno, Vienna, California and so on."

After college Mila was employed in an agronomics organisation – "Completely delightful work with plants" – and later a position teaching in an agricultural technical school in Levice. In 1967 she married a colleague from college and, after August 1968, she emigrated to Canada following a honeymoon in Yugoslavia. After a year she returned, followed by her husband. "Everyone thought I was mad, but I simply couldn't imagine a life without friends, without Zajača Dolina, without the house, without all these strands – now I see that if I'd remained in emigration my life would certainly have turned out much differently... literary work is very difficult abroad, there are very few people who have succeeded."

After teaching work in Levice and Ivanka pri Dunaji, Mila moved to Bratislava in 1972 following the birth of her daughter. She worked in an elementary school and immersed herself in literary work until her first collection, *Hrdzavá hlina* [Rusty Clay] (1980), which she published under a pseudonym, Mila Srnková. "I thought that in the environment in which I was, an elementary school, married... it would be better if no-one knew that I had published a book, outside those closest to me."

An increasing commitment to literature resulted eventually in her leaving her school on a year's unpaid leave, intensive translation from Hungarian and German, evening classes in English and lasting friendships with the novelist, Rudolf Sloboda, and the poets Štefan Strážay, Jozef Mihalkovi, Ivan Štrpka and others. She published her second book, *Premenlivý povrch* [A Changeable Surface] under her own name in 1983. This, with her next book *Možná neha* [*A Possible Tenderness*] (1984) led to an increase in her reputation, leading the critic Valér Mikula to observe: "Let us anticipate from now on that poetry will not be important for Haugová, but that Haugová will be important for poetry."

From 1986 to 1996 Mila was editor of the important literary journal *Romboid*. This period coincided with a new phase in her work accompanied by translations of Shuntaro Tanikawa (*Midday of the Soul*, 1988) and Sylvia Plath (*The Moon and the Yew Tree*, 1989). She became dissatisfied with the anecdotal nature of her work and her fourth collection, *Čisté dni* [*Pure Days*] did not appear until 1990, signalling not only artistic but personal changes in her life.

Although this collection, too, was well-received, Mila's mature style is not evident until *Praláska* [*Ancient Love*] in 1991 when she began to delve deep into the history and prehistory of humankind, resisting the obvious attractions of a newly-available West. As well as penetrating the layers of history, Mila's work strips away the layers of personality to reach towards a notion of spirit. There is also an exploration of feminine sensibility in archetypal human relationships mediated through the expression of erotic love:

> ...shore, a crumbled wall,
> the emerald skin of a dead lizard, a jewel in the damp
> sea sand... flower of no-one... a lap half-asleep...
> slowly dropping anchor... with their lips girls un-
> steadily touch death, old Roman glass... regularly
> first blood darkens on their thighs ...
> they kiss the head of a twelve year old
> Christ
>
> (from 'Tight Mask')

The concept of masks, possibly derived from the actors in Greek drama, is central to her work. It is as though tactically Mila's rejection of the anecdotal nature of her earlier work has led to a desire to reach down through surfaces, an almost archaeological strategy which also has a parallel in the work of her contemporary, Ivan Laučík.

Syntactically, Mila's work has moved away from the standard sentence towards the juxtaposition of fragmentary phrases. Her poems, although carefully constructed, have something of the character of notebook entries, often dated or dedicated to an individual.

> Double-mouth. Unvoiced speech. You wish to close
> what should remain open. Unknown languages wander through us.
> Fitting tightly to the limits of escaping rays.
>
> (from 'Alfa Centauri')

A syntactic parallel might be with the work of Geoffrey Hill, particularly in *Mercian Hymns* and *Canaan,* although Mila does not share Hill's animus against the contemporary world. This is not surprising from a poet whose early work appeared under the Communist regime and whose work of the last ten years might have been classified as hopelessly formalistic and possibly tinged with reactionary tendencies, particularly as there are clear references to Yeats and Pound. As she said to me once, when I asked her about the controversies over government figures in teh 1990s and the positions certain writers were taking: "You have no idea how much better it is now than it was." Not, I think, a sentiment one would hear from Geoffrey Hill.

Mila's forays into pre-history, the classical and Christian legacies, are all of a piece with her radical approach to language.

The 'word' is frequently invoked as an antithesis to 'body' or indeed in commerce with the body and frequently words are split apart especially at line endings to exploit the expressive and word-play opportunities in Slovak prefixes. Some of these are highly resistant to translation:

> Childhood; are-there-games? Di-
> vided into words: vivacious, important non-
> sense, fleeing into darkness
>
> (from "Nostalgia")

The device of accumulating phrases rather than balancing sentence against sentence has resulted in an individual punctuation. In the interview recorded at the end of the collection *Alfa Centauri* (1997), Mila describes her preference for certain types of punctuation: "three dots ... , I love the semi-colon; I love the colon: commas, no, although I don't know exactly how it happened."

It is tempting to regard Mila as an experimental poet although this is something she might reject: "I do not consider that I am an innovator in poetry. If there is anything new in my work it is the sense of theme, not in the sense of language. And a feminine voice which was, up till now, uncommon, also a little expressive. But now as if also in me, something is played out."

My first encounter with Mila's work was when translating the anthology *Not Waiting For Miracles* (1993). At the time I was wholly reliant on a Slovak-led selection of poets and poems and I became somewhat irritated at the absence of women poets. At my insistence, Mila was offered as one of the poets and three of her four poems featured the personality of 'Alfa' who has recurred in Mila's work over the last ten years. The three poems seemed a striking combination of plain utterance and rich imagery:

> She is afraid.
> A man in a circle of evil. Around his neck, blood.
> Alfa conceals herself from him, the household serpent
> hides away.
> Can one withstand evil only with evil?
>
> (from 'To Withstand Evil')

To make up a larger selection for the anthology to balance the preponderance of men I asked Mila to choose another poem or poems and she selected "Nostalgia", the title poem from her 1993 collection, built on one of her favourite devices – that of the mechanically expanding or diminishing stanza. It is a marvellous example of her mature style containing many of her abiding images, syntax, word play and eroticism. The selection from her work we have translated is built round the figure of Alfa from five collections *Prálaska* [*Ancient love*] (1991), *Nostalgia* (1993), *Dáma s jednorožcom* [*Lady with unicorn*] (1995), *Alfa Centauri* (1997), *Kridlatá žena* [*Winged woman*] (1999) and *Atlas piesku* [*Atlas of sand* (2000). The poems are not arranged chronologically, but in a way that we (Viera and myself) hope takes readers from notions of birth to death, from the beginnings of love to the end of the affair, from the mask to nakedness.

In the original, Mila's poems are often annotated with dates and dedications. These have not been included because we do not feel that they will add to the poems in translation and may distract the reader. Sometimes we have had to transpose lines to achieve a comprehensible and standard English syntax, but in the main we have tried to be faithful to the original, even to the extent of retaining Mila's individual punctuation with the exception of one or two commas. However, perhaps Mila will forgive us those.

*James Sutherland-Smith*

## INTRODUCTION

Mila Haugová belongs to the first generation of Slovak poets to have been formed under, though not necessarily by, communism. Her peers include novelist and translator Pavel Vilikovsky, Vincent Sikula (lyrical memorist of recent Slovak history), and, among poets, Ivan Laucík, a precocious leader of the 'Solitary Runners' group. All were necessarily influenced by the pressures of 'Political Normalisation' from 1971. To a certain extent as Editor, from 1986 to 1996, of the Slovak Writers' Union's influential interdisciplinary periodical *Romboid,* Haugová herself helped shape this literary generation. That she was able to hold such a position in the sometimes politically slippery world of Slovak culture, and for a decade in which both political freedom and national independence, with their consequent upheavals, were achieved, says something about the strength of her personality. The poet Stanislava Chrobáková-Repar, a successor at *Romboid,* says: "[Haugová] was one of the few authors capable of dodging official ideological expectations in the field of art and literature after 1971."

Whatever the ultimate significance of these external circumstances, Mila Haugová's 'writerly' persona is undeniably vivid. Indeed her narrative presence explicitly dramatises itself. Over the last ten years her poetry has developed an intense, even vatic, voice which seems at one moment to be the script of a monologue, at another the storyboard for an invented rite, at yet another notes from a talking-cure. Although for anglophone readers there may be echoes of Anne Sexton's late poems or the surrealism of Leonora Carrington, this voice is unique in contemporary Slovak writing. Haugová's project of exploration – whether of the role of poet or of woman – is highly significant not least *because* it is being carried out in isolation.

In James and Viera Sutherland-Smith's selection from six of Haugová's most recent collections, the (female) poet figures repeatedly as a transcendent, almost mythical icon, a "winged woman/from the bottom of a sarcophagus". Ancient and fertile, she hardly knows her own strength. In particular Haugová's poet-self Alfa – round whom the poems in the first part of this volume crystallise – is the origin both of life and of language: source of knowledge, meaning and existence. Often pregnant or maternal, this mythic Alfa (Alpha) is a presence around which the masculine hovers like an Omega, like the hollowed-out figure of a complementary absence: "where it splits / a green bud irritates the skin of darkness." Sometimes desired, sometimes regretted, sometimes merely implied, the figure of the male waits on the sidelines, beside the point of this poet's struggles with identity or purpose. In the Sebastiana poems Alfa's Christianised successor, a female victim named for that most erotic of martyrs, seems close to suggesting that even women's experience of violence is self-generated, the result of a masochism which is almost narcissistic: "a little girl / rolls down her leggings. she should be at home already [...] she will be naked / when you come."

Yet Haugová's self on the page, her "winged eye", dramatises itself in ways which are both strategic – "she makes a circle and says, This is home" – and resonant. This "winged eye" – like Picasso's 'mirada fuerte', his 'strong look' – speaks of a self *made present in the act* of looking. Yet it also challenges the possibility of calling that looking an *act* at all. Haugová's eye is in flight, polymorphous, *passing through*. Her poems do not identify with an external time or place. Instead the poet emerges from them as the symbol of a process. A kind of *sujet-en-procès*.

But not always a 'subject'. The same figures – short lines, fragmentary diction – which in many poems evoke the uncommitted moving eye, appear elsewhere as lapidary, hieratic, "The skeleton of a small archaeopteryx". Active-passive, vegetable-mineral, sometimes almost speechless, always originary Alfa is a new kind of sacred monster, with the exaggerated attributes of a neolithic fertility goddess.

But, however unique her project, Haugová's virtuoso grotesqueries themselves are part of a tradition. In 1993, when Bratislava became the latest capital to reappear on the map of Europe, this small city only thirty-five miles downstream from Vienna resumed a historic role marking the cultural cross-roads which is Central Europe. At Bratislava the Danube passes between the two great mountain ranges of Europe, the Carpathians (the *Hrad,* the Castle, is built on the last Carpathian foothill) and the Alps (whose first foothill it faces over the river). Bratislava – the pretty baroque *Staré Mesto* or Old Town, as much as the dreary post-communist sprawl surrounding it – is built on the cusp of Europe, where the northern Slavs (including neighbouring Poland and the Czech Republic) meet what was for centuries part of Austro-Hungary; and where the Danube has traditionally provided access to the southern melting pot of the Balkans.

During the forty-odd years of communism, this extraordinary Ugro-Germano-Slav region developed – in the graphic arts but also to some extent in poetry – the unique genre which one might call hermetic surrealism. Governed by the logic of dreams, in which everything is doubled, inverted, codified (in response to the censorship of the conscious), this genre – seen for example in prints and animations by the Czechs Adolf Born or Jan Svankmajer (and in the latter's theatre work), or the work of Polish printmaker Elzbieta Radzikowska – invents fantastic creatures, impossible apparatus, fragmentary myth and fairytales. Then it sets them playing looking-glass games: not quite the same as those on this side of the glass, off the page, yet recognisable in ways we don't quite understand.

In the language of dreams both image and narrative represent transformed information: stories as well as figures can be metaphors. In this book the narrative element of Haugová's dreamworld is highlighted by the translators' selection and arrangement of the material. Like archaeologists, they've reconstructed an over-arching story into which the individual poems can fit. This move away from the customary arrangement of material collection by collection allows us to hear the poet's mature voice as a whole.

It's not difficult to see the usefulness, in times of censorship, of a hermetic code which can't be broken systematically but only by attention to individual resonances. But Mila Haugová's Alfa poems date from the 1990s and their resonance is more than merely local. Hermetic surrealism, with its "enclosures of wild gardens", is a tradition from which Haugová has borrowed rather than one to which she can be consigned. Her Alfa plays with the gap between the individual and tradition; and does so in order to explore the paradoxical identity of the woman poet by which everything is inverted. Plato's cave becomes 'fertile' with mythology. Nevertheless, Haugová's strategies for this exploration differ from those of her contemporaries writing in English (think of Carol Ann Duffy and her comic-book *The World's Wife*; of the earlier Plath influences in Jackie Kay's *The Adoption Papers*) because the context for her exploration differs. To be a woman poet does not mean the same thing in contemporary

Slovakia as it does in the robustly-globalized anglophone world. Haugová shows us what it is to be a poet, a woman, or both, in the fast-changing heart of the Other Europe. Oblique to the last, in doing so she shows us what such identities might mean elsewhere, too. In these complicated transitional times, Mila Haugová is the kind of poet who can act as a guide to the difficult dark places. James and Viera Sutherland-Smith's brilliantly-lit translation allows us to follow her.

*Fiona Sampson*

# SCENT OF THE UNSEEN
VÔŇU NEVIDENÉHO

## TESNÁ MASKA

…pobrežie, rozdrobený múr,
smaragdová koža mŕtvej jašterice, šperk vo vlhkom
piesku mora… kvet nikoho… lono napoly spiace…
pomaly sa spúšťajúca kotva… dievčatá sa ústami ne-
ustále dotýkajú smrti, starého rímskeho skla… pravidelne
im na stehnách tmavne prvá krv…
bozkávajú hlavu dvanásťročného
Krista

…muž, ktorý je bližšie tvojej duši ako ty sama…
v hlase detstva; nikdy nedostaneš, čo si vzala…
    v smrti
sa podobáte, v spánku… spolu vám rastú vlasy, nechty,
zúrivosť: alebo žiješ vášnivo alebo len čakáš na smrť.
neustále dorastá chvost jašterice. nenásytná duša…
telo požierajúce svoj plod… bojím sa ako ten, kto sám
prebdel v mraze smrteľnú noc (ó, horúce jazyky srdca)
nestrhnem si tesnú masku… strhnem ti tesnú masku:
som prvá žená (Alfa?) si prvý muž…

…vydrž ma ako bolesť, ktorú ti posielam… ruky…
zerbrochen… vysoký tón hrdlom lásky
                                     vytepaný do striebra;
silnejší sme obkolesení tajomstvom?

**TIGHT MASK**

...shore, a crumbled wall,
the emerald skin of a dead lizard, a jewel in the damp
sea sand... flower of no-one... a lap half-asleep...
slowly dropping anchor... with their lips girls un-
steadily touch death, old Roman glass... regularly
first blood darkens on their thighs...
they kiss the head of a twelve year old
Christ

...a man, closer to your soul than you yourself...
in the voice of childhood: you'll never gain what you've taken ...
    in death
you resemble yourself, in sleep... hair grows on both of
you, fingernails, fury: either you can live passionately or you can
only wait for death. the lizard's tail grows steadily. unslaked soul...
the body devours its foetus... i'm afraid like one who's
woken alone in the frost of a fatal night (oh, hot tongues of the heart)
i won't tear off the tight mask... i'll tear the tight mask from you:
am i the first woman (Alfa?) are you the first man...

...sustain me like the pain I send you... my arms...
zerbrochen... a high tone from the throat of love
                                       etched into silver;
are we stronger circled by a mystery?

**ALETHEIA**
*pre Laca Kvasza*

Z jazyka
neviditeľne viditeľného
z tela
viditeľne neviditeľného
z púšte
z mora
z ničoho
do ničoho
tu zároveň tam
za pohlavím duše
presekávajúc kruh
v dvoch čistých bodoch
plynie odvíja sa
naráža; lúč
z oka Boha, ktorý sa pozerá
na nás tým istým okom, ktorým
sa my pozeráme na neho.
Všetko je tu pre nás,
nič tu nie je pre nás;
aletheia
dotýkajúca sa
vytvárajúca dotyk;
podstatu
podstaty
mňa
teba

*11. 9. 1992*

**ALETHEIA**
*for Laco Kvasz*


From the tongue
invisibly visible
from the body
visibly invisible
from the desert
from the sea
from nothing
to nothing
here simultaneously there
from the genitals
of the soul
it flows
spirals away
glances against; the ray
from the eye of God, who regards us
with the same eye with which
we regard him.
Everything for us is here,
nothing here is for us;
aletheia
touching
creating touch:
substance
of substance
of me
of you


*11. 9. 1992*

## DVOJNOSŤ

Chcieť bez chcenia.

Chýba mi semipermeabilná membrána.

V temnom prúdení nevedomý vzdor proti rytmu.

Kone prichádzajúce k ohrozujúcim ohradám.

Na večer stíchnu a pohrúžia sa do seba,
                              obnažia sa noci.

Telá žien zmietané medzi dvomi vodami.

Dievčatko sa navždy ponorí do ženy.

Zatvorené v polotmavej miestnosti.

Včerajšie svetlo si tam uchováva teplý jas.

Výboj v katódovej trubici za tých istých okolností ten istý.

Zvuk tu sa mení na farbu tam.

Je to podobné slovu s menom anjela.

Ničím neukotvené v zmysloch. Tam čas nič neznamená.

Len v Jeho slovách nachádzam úplnosť.

*(Lacovi Kvaszovi, 1997)*

**DOUBLENESS**

To want without wanting.

I lack a semi-permeable membrane.

In darkness a flowing unknowing resistance to rhythm.

Horses approaching the menacing corral.

In the evening they fall silent and become immersed in themselves,
                                          they strip for the night.

The bodies of women swaying between two waters.

A girl dives into a woman forever.

Closed within the partly darkened place.

Yesterday's light retains a warm brightness there.

The discharge in the cathode tube from certain circumstances certain.

Sound here changes to colour there.

It is similar to a word with the name of an angel.

Unanchored in my senses I destroy. There time means nothing.

Only in His words do I find fulfilment.

*(to Laco Kvasz, 1997)*

*viečkami načúva, prosí,*
*prosím, udržuj si odstup, ťarcha*
*celého sveta na viečkach, iná ruka ťa sotí...*
*stlačený, stiahnutý, tlejúci... obetovaný,*
*zasvätený, v lone vzlykajúci, prijatý, odlúčeny,*

(na konci milovania) chyba v mojom pohybe
(vykľzneme) ešte mlč (ako voda som utopená)
vo mne smieš chcieť (nebola som podrobená
skúškam, ktoré by boli nad moje sily),

simultánne telá začarované do krajiny,
dotyky vlásočníc (v jednej chvíli som všetko,
v druhej chvíli musím byť nič) tvár odtrhnutá
od mojej tváre...

otvorí si okno svojho raja (pohyb je so mnou)
oproti oknu v mojom raji... útek na to isté
miesto, raj horí (vina nevinného
zraku)... len to je moje, čo je
medzi mnou a zrkadlom?

*she listens with her eyelids, begs,*
*please, keep your distance, the burden*
*of the whole world on her eyelids, another hand shoves you ...*
*compressed, contracted, smouldering... sacrificed,*
*consecrated, sobbing in your lap, accepted, isolated,*

(at the end of lovemaking) error in my movement
(we'll slip out) still quiet (like water I am drowned)
within me you're allowed to want (I have not been tried
with tests beyond my strength),

simultaneous bodies enchanted into the landscape,
the touches of capillaries (in a single moment I am everything,
in another moment I must be nothing) a face turned away
from my face...

he opens the window of his paradise (the movement is with me)
opposite the window in my paradise... escape to the same
place, paradise burns (the guilt of innocent
vision)... is only this mine, what is
between me and the mirror?

**29.11.1995**

Klietka čistej vody
slovo z odkrytých slov.
Úzka hĺbka.
Seba
Prítmie za prahom. Sen
nad nožmi dychu.
Rozum rany
Klietka čistej vody
zavesená v tme.
Hustnutie. Srdce ešte
chvíľu nevie, že už
nie sme.

**29.11.1995**


A cage of pure water
a word from words laid bare.
Narrow depth.
Self.
Dusk beyond the threshold. A dream
above knives of breath.
The mind of a wound.
A cage of pure water
suspended in darkness.
Thickening. For the moment
the heart doesn't know that already
we are not.

∽

Konečné rozplynutie, ó Undine, nevedomá voda. Som presvetlená tvojím zrkadlením: (Muž je rovnaký predtým, ako si nájde ženu, i potom. Deň, keď si žena nájde lásku, ju rozdvojí. Stane sa z nej iná žena. Muž strávi noc u ženy a odíde. Jeho život a telo sú stále rovnaké. Žena počne.

Ako matka je iná osoba, ako žena bez dieťaťa. Nosí ho v sebe deväť mesiacov. Do jej života vrastá niečo, čo z neho už nikdy neodíde.)

Skoro vždy tam, kde ja nie som. Nepoviem: Som živá, len si určujem budúce meno: Jednokrídla.

Zvinuté a zabalzamované. Znova sa mi sníva: Som vták, ktorého krídlo ani svoj priestor neprikrýva.

৯

    Finally dispersing, O Undine, the unknowing water.
I am illuminated by your reflection: (A man's the same as he is before he finds a woman, and after. The day when a woman finds love it divides her in two. She becomes another woman. A man spends a night with a woman and departs. His life and body are still the same. A woman conceives.

As a mother she's a different person from a woman without child. She carries it within her for nine months. Something grows into her life which will never leave it.)

Almost always there, where I'm not. I don't say: I'm alive, I only determine my future name: Single-wing.

Curled up and balsamed. I dream again: I am a bird,
whose wing does not even cover its space.

## MIZNÚCE POD DYCHOM

   :počujem letieť kométu, horúca šuchne sa o moje vlasy, skončilo sa odmlčané ticho (odráža sa od bielych stien), pozadie: rozpohybovanie minulých životov, tiel v keltských hroboch, zvierat uväznených v ľade, miznúcich pod dychom: prijatie, odpustenie, milosrdenstvá?
   :čo má so mnou spoločné táto noc, dlaň v priehlbine ligotu? mučiva krása tela v záveji plachiet: čo prišlo ku mne tvojou rukou?
   :čo hlboko v snehu a trpezlivo spí? budúcnosť vrhá tieň, ak neprídeš, ani neviem, že je teraz iný rok ako vlani, som tu, požičaný boží sen, ľadový kvet, zrkadlo premenené na oheň.

**DISAPPEARING UNDER BREATH**

:i can hear the comet flying, hotly it grazes my hair, the speechless silence has ceased (it reflects from white walls,) a background: the outward moving of past lives, bodies in celtic graves, animals imprisoned in ice, disappearing under breath: acceptance, forgiveness, mercies?
:what do i have in common with this night, a palm inside the hollow of a glitter? the tormenting beauty of a body inside a drift of sheets: what has come to me from your arm?
:what patiently sleeps deep in the snow? the future casts a shadow, if you don't come i won't even know now that it's a different year from the last, i'm here, the borrowed dream of a god,
ice flower, mirror changed to fire.

## ZÁRODOČNÉ DÝCHANIE

nie je to vietor:
je to prvý záchvev
pohyb dychu

hlas skrytý do
trhliny
hlboko zatvorený
sen

    objatie
        objatia
ešte
aj teraz ako vtedy sa
z ticha zobudí jedno
meno a rozplynie sa
v prcbudenom vedomí:
zviera sa vo sne
rozpamätá na zabudnutú
spomienku

**GERMINATING BREATHING**

it is not a wind:
is the first tremor
movement of breath

voice hidden within
a crevice
deeply closed
dream

   an embrace
      of an embrace
yet
also now as before from
silence one name awakes
and dissipates
in wakened awareness:
in dream the animal
will recall a forgotten
memory

## ALFA SI POMYSLÍ

Alfa si pomyslí piesok v hrsti,
kameň ohlodaný na kosť,
suché jazerá :
v hrdle zaviazaná tma,
snívanie o inej záhrade?
chodím stále v kruhu, v tieni ohňa,

hovorí si:
kruh nevytrhneš, neodhodíš, je bez dna,
za ním priestor vyseknutý snom,
klíčenie pohlaví, zaklínanie,
padanie do okrúhlych pascí
Boschovho sna, vyhnanie,
narodenie ja.

vidí sa:
nahá živá (kým ju milujú),
tvár, krídla (vypočúvaná
zrkadlom: pokusné zviera seba),
kráča k oku, ktoré ju opustilo,
aby sa mohla uvidieť.

**ALFA CONSIDERS**


Alfa considers the sand in the palm of her hand,
a stone gnawed like a bone,
dry lakes:
in her throat a binding darkness,
dreaming of another garden?
I always walk in a circle, in the shadow of fire.

She says to herself:
you won't tear away the circle, you can't cut it off, it's bottomless,
beyond it a space severed by a dream,
budding genitals, casting spells,
falling into the circular snares
of a Bosch dream, expelling,
I being born.

She can see herself:
naked alive (until they love her),
face, wings (interrogated
by the mirror: the experimental animal of the self),
she walks towards her eye which has abandoned her
so that she can see herself.

## AMARNA

:čo sa stane s priestorom,
ktorý mi patrí, keď tu
raz už nebudem?

v tme.
na chrbte.
spomínam.
chcem zabudnúť.

:nie som teraz o nič staršia,
ako som bola vždy: detail mojej tváre
v zrkadle brúsenom nechtami:

počuté v tme.
ako ťažko (pomaly)
mi bije srdce.

:nehybná hmla: zo zranených hviezd
sa odvíjajú obväzy (hocikde sa dotkneš
urobíš ranu jemnú ako smrť).

si.
krídlatá žena.
zo dna sarkofágu: nehybná.
nehybnosť.

granit tela.
strácam.
fragmenty veršov.
stav dokonalej čistoty.
ústa.
telo duše nesmie.
zabudnúť.

*25.9.1998*

## AMARNA

:what will happen to the space
which belongs to me, once
I am not here?

in darkness.
on my back.
I remember.
I want to forget.

:now I am hardly older,
as I always was: the detail of my face
in the mirror grinder with fingernails:

heard in the darkness.
how heavily (slowly)
my heart beats.

:unmoving mist: from hurt stars
the bandages unwind (wherever you touch
you'll make a wound gentle as death).

you are.
a winged woman.
from the bottom of a sarcophagus: immobile.
immobility.

granite bodies.
I squander.
fragments of lines.
a condition of complete purity.
mouth.
the body does not permit the soul.
to forget.

*25.9.1998*

**PRAVTÁK**


V samohláskovom priestore
privlastňujú si nás duše vtákov,
prežiarené okrídlené bytosti…

*Kostra drobného archeopteryxa
je hlboko zaliata vo vápennej bridlici
a je nedostupná preparačným metódam.*
Ešte skoro plaz, ale už s perím
a dvomi malými hrbolmi
na lebke:
čoraz bližšie k vtákom. Chcela
by som vidieť posledný
záber krídel pred tým,
ako sa odpúta od zeme:
ťažkú krivku letu
a prvý hrdelný spev nazvaný
vtáčím. Na obrázku je
dojímavá kostra ešte s chvostom
(čo bolo vtáčie, perie, let, spev,
už nevidieť) – *o čo sa často pokúšame
a vždy chceme, to sa raz aj splní* –

**FOREBIRD**

In vowel space
the spirits of birds possess us
shining winged creatures…

*The skeleton of a small archaeopteryx*
*is deeply embedded in limestone slates*
*and is inaccessible to methods of preservation.*
Still a reptile yet already with feathers
and two small lumps
on the skull:
ever closer to birds. I would like
to see the last
beat of wings before
their release from the earth:
the difficult curve of flight
and the first song from a throat belonging
to a bird. In the picture there's
a pitiful skeleton still with its tail
(what was bird, feathers, flight, song,
is now not to be seen) – *what we often attempt*
*and always want will happen once –*

## PRADÁVNA

1
Som Alfa.
V pradávnych smútkoch
sa kúpe moje telo,
zranené hviezdy
odchádzajú,
spánok len posledným
článkom prsta pohladká
moju tvár;
obrazy bez myšlienok,
myšlienky bez obrazov.
BOLÍŠ.
Som matka matky.
Som dcéra dcéry.
Spomienka na spomienku, o ktorej nevieme.


2
V tesnej maske ženy;
umoriť sa,
umučiť sa,
umrieť,
umúdriť sa.


3
Okrídlené oko
neodvratne patrí mužovi?

## ANCIENT

1
I am Alfa.
In ancient sorrow
my body bathes,
wounded stars
depart,
sleep will caress
my face only
with the very tip of a finger;
images without thoughts,
thoughts without images.
**YOU HURT.**
I am the mother of a mother.
I am the daughter of a daughter.
A memory in a memory which we do not know.


2
In the tight mask of a woman;
exhaust yourself,
torment yourself,
expire,
gain wisdom.


3
Does a winged eye
belong unavoidably to a man?

4
Ako sa zbaviť svojho
peria ženy?
Odtrhnúť si krídla?
Bezvýhradne veriť?
Zošalieť dotýkaním.
Stratiť sa v nekonečne,
byť kľúčom všetkých dverí,
– zavrieť sa ako orchidey?

5
Zo zlého začne vznikať zlé.
Alfa stále bdie; v posvätnej
jaskyni stráži
oheň. Bojí sa a cíti
v živom mäse výskať
kryštály chladu, ktoré nakoniec
prikryjú celú zem.
Vstane a zavolá (si) nočné
vtáky, večne hladné verné vlky,
priblíži sa k ohrade s dobytkom,
upokojí ich veľké biele čelá –
Vlastne upokojí seba,
prehltne svoj výkrik,
pohladká si vystrčené brucho
a sedí, skrčená
pri nekonečnom ženskom ohni.
V samote namiesto ramien objíme
si kolená. Nad ránom zaspí. Vtedy
sa vráti muž.

4
How to rid oneself
of a woman's feathers?
Tear off one's wings?
Trust without reservation?
Go mad from touching.
Be lost in eternity,
Be a key to all doors,
– close like an orchid?


5
From evil comes evil.
Alfa constantly awakes; in a holy
cavern she watches over
fire. She is afraid and feels
in her living flesh exulting
crystals of cold which at last
will cover the whole earth.
She stands and calls night
birds, eternally hungry faithful wolves,
she draws close to the cattle pen,
she soothes their great white brows –
In fact she soothes herself,
she swallows her cry,
she caresses her protruding belly
and sits, bent
by the endless womanly fire.
In solitude instead of her shoulders she hugs
her knees. She falls asleep before morning. Then
the man returns.

6
Alfa kráča do všetkých svojich dní,
kráča proti času, vyberá
plné priehrštie svetla; líha
si na posteľ z trávy, urobí okolo
seba kruh a povie: „Toto je domov."
„Všetko prišlo načas," povie si, „aj táto
temná a chladná noc." Ďalší rok
života.
Kráča do svojich dní bez obzretia,
neprosí o nič, vlastne prosí;
chce čisté dni,
chce plody svetla.


7
Alfa zaklína, chce lásku
navždy. Pustí do vetra
prvé slovo, všuchne pod kameň
hadí chvost, vhodí do ohňa
za hrsť bolehlavu, úzky prsteň
vhodí do vody. Zatiahne uzdu
na spenenú krv, zasmeje sa
do zrkadla, zaplače pod vankúš
trávy, prejde od seba k sebe,
zamkne sa,
zvyká si na svoju krv
a čaká –

6
Alfa walks into all her days,
she walks against time, she selects
a whole handful of light; she lies down
in a bed of grass, around herself
she makes a circle and says, "This is home."
"Everything comes in time," she says to herself, "This dark
and cold night, too." A further year
of life.
She walks into her days without turning back,
she pleads for nothing, in fact she pleads;
she wants pure days,
she wants the fruits of light.


7
Alfa casting a spell, wants love
forever. Into the wind she releases
the first word, under a stone she sneaks
a snake's tail, on the fire she tosses
a handful of hemlock, into water she throws
a narrow ring. She fastens a bridle
in foaming blood, smiles
at the mirror, weeps under a pillow
of grass, moves from herself to herself,
she locks herself,
she gets used to her blood
and waits –

8
Alfa spí až do zjazveného úsvitu.
Zobúdza vtáky, seba, pahrebu,
prikladá tenké kosti,
ozdobí mŕtvym čelá,
vyhladí bosou nohou hlinu
a nakreslí seba, vtáky,
znaky mŕtvych, dlho a úporne stláča
prstami ostrý prút;
necháva znaky, teda je.
Muž príde úzkou cestou
pod jej viečka
ako sneh.
Všetko to prikryje.
Muž je sneh.


9
Zachovať tie znaky. Pamätať
sa na ne. *„Odomknúť posledný
náznak vtáka v nás..."*
Klíčiace semená trhajú zem.
Tak presne čakať tam, kde praská
a zelený klík rozjatruje kožu tmy.
Nemám kameň, ktorý by vyhladil
ruky, ani vodu, ktorá by hladná
hľadala ústa –

8
Alfa sleeps until a scarred dawn.
She wakens the birds, herself, embers,
she attaches thin bones,
adorns the brows of the dead,
smooths clay with a bare foot
and draws herself, birds,
signs of the dead, with her fingers squeezes
sharp willow wands long and hard;
she leaves marks, thus she is.
The man will come by a straight way
under her eyelids
like snow.
He will cover everything.
The man is snow.


9
To preserve these marks. To remember
from this. "*To unlock the last
hint of a bird within us...*"
Sprouting seeds tear the earth.
To wait there so exactly, where it splits
a green bud irritates the skin of darkness.
I have no stone which would smooth out
my hands nor water which being hungry would
seek out my mouth –

10
Len náznak vetra v krídlach,
len dlhé rúcha žien
s červenou stopou lásky,
tu by aj Boh odložil svoj hnev
a stal sa vetrom v krídlach,
červenou stopou na dlhých
rúchach žien, nožom s obojstranným
ostrím, vtákom, ktorý
do objatia vloží všetku
silu svojich krídel
a nenávratný spev –


11
Jediná útecha žien
je sen.


12
Tvár muža. Zranená.
Zraňujúca. Pamäť.
Suché šialenstvo. Visí
na slučke slov. „Aká vina?"
Domov bez strechy. Ó, tvár muža,
do ktorej sa vrýva svetlo,
skláňa sa do násilného sna –
plače, zbiera chladné kamene.
Na chvíľu sa zohrejú a rozžiaria.
Nadlho si zachováme to teplo.

10
Only a hint of wind in the wings,
only the long robes of women
with the red print of love,
here even God would put aside his anger
and become wind in the wings,
a red print on the long
robes of women, a double-edged
knife, a bird, which
into an embrace places all
the strength of its wings
and irretrievable song –


11
The only relief for women
is dream.


12
The face of a man. Wounded.
Wounding. Memory.
Dry madness. It hangs
in a noose of words. "What guilt?"
Home without a roof. Oh, the face of a man
into which the light is etched,
leans into a violent dream –
weeps, picks up cold stones.
In a moment it'll be warm and bright.
We'll conserve this warmth for a long time.

**ALFA VARUJE MUŽA**

Schovaj sa, prišli tvoji mŕtvi.
Schovaj sa do hlbokej studne,
schovaj sa do priepasti,
do hviezd, do slov – – –
Prišli všetci, ktorých si miloval v krátkych
minulých životoch.

Muž sa stráca,
najprv úsmev, potom hlas,
oči, gestá, kroky – – –
Vráti sa… ako Boh,
ktorý zabudol oddeliť od seba
noc a deň, oheň a vodu, muža a ženu.

**ALFA WARNS THE MAN**

Hide yourself, your dead have arrived.
Hide yourself in the depths of a well,
hide yourself in the precipice,
in stars, in words – – –
All have arrived whom you adored in their short
gone lives.

The man vanishes,
first his smile, then his voice,
the eyes, gestures, footsteps – – –
He returns… like God,
who has neglected to part from each other
night and day, fire and water, man and woman.

## ALFA JE NARAZ BEZ KRÍDEL

Spí.
Prebúdza sa v pohyblivej tme.
Medzi dvoma snami prežila všetko.
Teraz ticho našľapuje.
Bez krídel.
...ako som predtým všetko uhádla; pohyb plodu v lone,
skôr ako sa pohol, mužské kroky, čo patrili mne,
materinské znamienka skryté pre mňa
pod košeľou, vodu na púšti, tvoj nemý výkrik, príchod básne...

Teraz si znova zvykám na seba,
môžem si vybrať z dvoch smrtí:
krátka s tebou,
pomalá bez teba.
Noc v strede noci.
Krvavočierny spln. Jediná hviezda.
Nespavosť. Sú tu hostia mojej samoty:
nenapísané básne, nenamaľované obrazy – – –

## ALFA IS SUDDENLY WITHOUT WINGS

She sleeps.
She wakes in agile darkness.
Between two dreams she has survived all.
Now she is pacing silently.
Without wings.
…as before I had divined everything; the stirring of
                                         the fruit of the womb,
even before it moved, a man's footsteps
possessed by me, birthmarks hidden from me beneath a shirt,
water in the desert, your mute cry, the arrival of poems…

Now I am getting used to myself,
I can choose between two deaths,
a short one with you,
a slow one without you.
Night in the midst of night.
A blood-black full moon. A single star.
Sleeplessness. Here are the guests of my loneliness;
unwritten verse, unpainted pictures – – –

## SVEDOMIE

nikdy som nezabila alebo nezranila
žiadne zviera?

skúša ma Boh len toľko, koľko vydržím?

vtáčie krídla odtlačené v bridlici

dať hlas bolesti zaseknutej do mlčania

kameň nemôže krvácať, ale môže svietiť

bezcieľne putovanie, čo najväčšia presnosť v tom

kovový odliatok cesty spojený so svojím ingotom

svalové vlákna srdca osamotene, samostatne
vzdorujú osudu,

vstupujú do vlastného jazyka,
do vlastného ohrozujúceho chvenia

**CONSCIENCE**

have I never ever killed or hurt
an animal?

does God test me on so much, as much as I can bear?

the wings of birds imprinted on slate

to give voice to pain hewn in silence

stone can't bleed, but it can shine

aimless wandering, the greatest precision in it

the metal mould of the way joined to its ingot

the muscle fibres of the heart isolated, individually
they resist their fate,

they enter one's own language,
into one's own menacing trembling

more ľadu * podo mnou jediný
môj nepozorný pohyb a svet
stratí rovnováhu * rozbité
vedomie nebráni myšlienkam
v neustálom prebleskovaní

*vlhký list ktorý priľne na
pokožku * ranný srieň zrežeš
dychom stopou úst * trváš
v slabikách už vyslovených*

zodpovednosť začína sa vo sne

nič sa nedá sceliť * takto
som Pane ďaleko * vychýlená
zo stredu svetla cez úzky
priezor sklopených viečok

strážim svoj pridelený priestor

*19. 1. 1999*

sea of ice * beneath me only
my careless movement and the world
loses balance * a broken
conscience does not ward thoughts
in its ceaseless flickering

*damp leaves which stick to
one's complexion * the morning hoarfrost you cut down
with a breath by the print of your lips * you endure
in syllables already uttered*

in dreams begins responsibility

the centre cannot hold * thus
I am distant, Lord * turned aside
from the centre of light through the narrow
peephole of lowered eyelids

I guard my allotted space

*19. 1. 1999*

## ZABRÁNIŤ ZLU

Alfa žije ďalej, Spí menej.
Sníva zriedka. Miluje viac.
Márnotratne, jesenne kvitne.
Slabne jej zrak.
Trápi ju nemé, tiché párenie.
Má strach.
Muž v kruhu zla. Okolo hrdla krv.
Alfa sa pred ním skrýva, skrýva sa
domáci had.
Zabrániť zlu sa dá len zlom?

Alfa kráča nad priepasťou sveta.
Čelo stiahnuté. Ruky sústredené
na pohyb; obväzuje rany, pochováva
mŕtvych, utešuje opustené deti,
pestuje v záhrade liečivé byliny,
trhá ovocie, polieva horúcu zem,
prechádza sa v noci pod stromami,

prihovára sa dávno mŕtvym.
Muž je ďaleko, stratený v labyrinte tvárí.
Je nedeľa. Alfa si oddýchne, ruky zložené
v lone ako pred ňou tisíce žien.
Nemodlí sa. To, čo vie a vidí, je
pre Boha príliš veľa. To musí uniesť sama.
Drží sa samoty, sveta, rána – – –

## TO WITHSTAND EVIL

Alfa lives on. She sleeps less.
She hardly dreams. She loves much more.
She blooms in the wastefulness of autumn.
Her sight weakens.
She suffers a silent, deaf mating.
She is afraid.
A man in a circle of evil. Around his neck, blood.
Alfa conceals herself from him, the household serpent
hides away.
Can one withstand evil only with evil?

Alfa steps out over the world precipice.
Her brow is furrowed. Her hands are devoted
to movement; she dresses wounds, buries
the dead, comforts abandoned children,
cultivates healing herbs in her garden,
plucks fruit, waters the parched earth,
wanders beneath the trees at night,

intercedes with the long dead.
Far from her the man is lost in a labyrinth of faces.
It's Sunday. Alfa draws breath, her hands folded
in her lap like thousands of women before.
She does not pray. What she sees and knows
is too much for God. She has to bear it alone.
She holds on to loneliness, the world, morning – – –

## ALFA NOSÍ SVOJU SKRÝŠU SO SEBOU

Alfa nosí svoju skrýšu so sebou, jaskyňu
vystlanú slovami (Altamíra vždy za každou
stenou). Pohyblivá v zvieracej konečnosti,
vlhká znovuzrodením, v sebe, v strachu
z určeného, s nádejou.
Les, v ktorom zostali matka s otcom, nie je
skutočný. Dráždi namaľovaným, pohybom v súmraku,
farbami stekajúcimi po kmeňoch stromov. O ktoré
sa opieram? Prikazuje neobzrieť sa,
označiť všetky kamene,
označiť všetky slová,
označiť prosby,
označiť odpustenia.
Ťažko sa dýcha v tlejúcom lístí. Neunesiem
vôňu nevideného. (V dedičnosti túžba lakomca
pamätať si aj nevidené od matky, od otca?)
Bez dychu, kým to neodíde, bez dychu,
padnúť do zraňujúcej jari, k vláčnej zemi vzťahujúcej
do seba vlaňajšie byle.
Prichystaj sa na dni bez bolesti,
prichystaj sa na dni bez lásky,
prichystaj sa odísť k námesačným stromom,
dokončiť rozhovory.
Hlas je pripravený.
Som v ňom.

**ALFA CARRIES HER HIDING PLACE WITH HER**


Alfa carries her hiding place with her, the cave
made up of words (Altamira behind every
wall). Movable within an animal finality,
damp from rebirth, within herself, fearful
of what is certain, with hope.
The forest in which mother and father have remained is not
real. It irritates with a painted movement in the dusk,
colours running down the tree trunks. Which
am I leaning against? It commands not to look back,
to mark all the trunks,
to mark all the words,
to mark entreaties,
to mark pardonings.
It's difficult to breathe in smouldering leaves. I can't bear
the scent of the unseen. (In heredity the miser's desire
to recall, too, the unseen from mother, from father?)
Breathless while it departs, breathless,
falling into an injured Spring to the smooth earth absorbing
into itself last year's stems.
Ready yourself for days without pain,
ready yourself for days without love,
ready yourself to go among sleep-walking trees,
to finish debate.
My voice is prepared.
I am within it.

## ALFA SA BLÍŽI K ZIMNÉMU SPÁNKU

Alfa sa blíži k zimnému spánku,
hľadá čistokrvné slová, pohyb
na svoje kruté zimoviská, miluje
skoro dokonalý októbrový spln.
Keď hľadá seba, hľadá aj muža,
nemôže ničomu navždy uveriť.

Mučí sa, viní, živí sa zlými slovami, zaklína, čaruje, stráca sa
všetkému, čo jej doteraz patrilo. Alfa už nepozná miesto, kam by
sa pohla, priestory zapĺňa dcéra a muž. Stuhnuté ruky sa vnárajú
do slov. Alfa chce báseň, tá stále zomiera, možno aj ona. Báseň
vzdoruje, báseň je voda. Chce mať dve kamenné tabule. Slová.
Chce byť presnejšia ako smrť.

## ALFA DRAWS CLOSE TO HER WINTER SLEEP

Alfa draws close to her winter sleep,
she seeks out pure-bred words, movement
in her cruel winter hideout, she loves
the almost perfect full October moon.
When she seeks out herself, she also seeks out a man,
she can't trust anything forever.

She torments herself, blames herself, she feeds herself with bad words, she curses, enchants, she vanishes from everything that has belonged to her. Alfa knows no place she could move to, spaces filled by her daughter and husband. Her stiff hands are plunged into words. Alfa wants a poem, it always dies, perhaps she does, too. The poem resists, the poem is water. She wants to have two tablets of stone. Words. She wants to be more exact than death.

## ALFA OPÚŠŤA

Alfa opúšťa svoju hranicu jazyka.

Vlhká cesta k zadymenej jaskyni.
Delfy? Predo mnou ty, po tebe ja,
mama, pravidelnosť sa naruší iným krokom:
prevratná zmena je napokon začiatkom
pomalej deštrukcie, nemusíš sa ani pozrieť,
kto to napísal, vieš, hocikde otvoríš knihu,
každým veršom ťa vyplaší na smrť, ktorá bude
pekná, čistá, chladná a tvoja: prečítaš to ešte raz
a zároveň ťa to akosi upokojí. Nie si v tom sama.

**ALFA DEPARTS**

Alfa leaves the border of her tongue.

A wet road to a smoky cave.
Delphi? In front of me you, after you me,
Mama, regularity is disturbed by another step:
a startling change is at last the beginning
of a slow destruction, you mustn't even look
who has written it, you know, anywhere you open the book,
each line will scare you to death, which would be
lovely, pure, cold and yours: you'll read it once more
and it'll calm you somehow. In this you are not alone.

## ALFA CENTAURI

Alebo to mohlo byť aj iné.
Len zamotané hlasy, pružné telá, býlie,
jemné beštiárium namiesto zvierat,
až potom rozoznáš znaky. Sneh na tvári.
Jazerá v mori. Len posledný riadok si pamätáš.
Až teraz zachytíš kamennú špirálu do pasce na svetlo:
milovali sme sa už pred narodením. V marcovom snehu
mesačný kameň. Chlapec-anjel drží svojou dušou celú oblohu.
Spolu sa stratíme v stratenom. Nie som ničím z toho,
čoho som časťou. Predstieram, že za mojim telom nie je tieň.
Len tichý diamant pod tvojou rukou. Dvojkrídly nôž, predhoria
do ktorých sa nevedomo sťahujem. Zrázy, horúce chrbty, priesmyky.
Plodná mytológia: priezračnosť vtáčích ciest.
Vták padá hlboko pod nohy. Roztiahne trhlinu obidvomi smermi.
Dvojústie. Bezhlásková reč. Chceš uzavrieť,
čo by malo zostať otvorené. Blúdia nami neznáme jazyky.
Priliehajúce úzko k okrajom unikajúcich lúčov.
Bože, ako žiaria. Zvieratá schúlené v nás chránia
posledné teplo.

**ALFA CENTAURI**

Or it could also be different.
Only the entangled voice, flexible bodies, stems,
a gentle bestiary instead of animals
until after you've recognised the signs. Snow on the face.
Lakes in the sea. You remember only the last line
Just now you will catch the stone spiral in a trap for light:
we have made love before being born. In the March snow
a moonstone. The boy angel holds the whole sky with his soul.
We'll be lost together in loss. I'm nothing of what
I am part. I pretend that there's no shadow beyond my body.
Only a silent diamond under your hand. A double-winged
                                                                                                     knife, foothills
into which I move unaware. Crags, hot backs, defiles.
A fertile mythology: the transparency of the routes of birds.
A bird falls deep beneath my feet. It widens the rift in both directions.
Double-mouth. Unvoiced speech. You wish to close
what should remain open. Unknown languages wander through us.
Fitting tightly to the limits of escaping rays.
Lord, how it blazes. The animals crouched within us guard
the last warmth.

## KAI ALOGON

Nesúmerateľnosť bolestí. Zachraňovať dychom
zamrznuté dieťa. Pomaly sa znova chúli
do teba. Ráno nahá zimomravá zapisuješ sen.
Medzi dvomi zavytiami psa prežiješ celý život.
Zima vonku je nekonečná. Nikto ti nepovie aké
to bude. Spoznali ma už? Pozvali s úsmevom
medzi seba? Navždy vlastniť? Aj smrťou?
Pohľadom cez stenu uavrieť príbeh. Medzi
pootvorenými dverami. V úzkom priestore
medzi tebou a tebou. Alebo ťa stratím
a potom smrť nie je zlá.

## KAI ALOGON

The asymmetry of pain. Saving a frozen child
with your breath. Slowly the child snuggles into you
again. In the morning naked shivery you write down the dream.
Between two howls of a dog you live out your whole life.
Outside the winter is unending. Nobody will tell you how
things will be. Have they recognised me yet? Have they invited me
among them with a smile? To have and to hold forever?
                                                  In death, too?
With a view through the wall to close the tale. Between
doors ajar. In the narrow space
between you and you. Or I'll lose you
and then death is no evil.

## KAI ANEIDON

A ty ako sa na teba dívam, už nie si ja. Si iná žena.
Si vinná. V predzrkadlovom čase. Bledoružová ruža.
Belosť bielych stien. *Ostrím aj rezom.* Koľko
    ti rozumiem?
*„A na prah dverí zabodnutý mlčky sa budeš chvieť."*
    Ja s rukou
s ostrím. S tým čistým prichádzajúcim ránom. Dokonalý tvar
tesne pred zaniknutím. Semeno sna vliate do
    ingotu noci.
Vyklenuté naliehavé narušenie priestoru. Pokusné ja zúri
v cele tmy. Musím zistiť komu patria kosti
    masky handry.
Bezhviezdné nebo. Miesto na ktorom nič nerastie. Maternicové sny.
Komu patrí zviera, ktoré ani nie je?
    Komu meno? Komu kameň,
ktorý rastie pod hlavou? Veta do stôp zabúdania.
        Ako ma ty vidíš,
Pane? Náznak dychu hýbuceho jazykom? Ako slovo
uzavreté v šachte hrdla? Márnotratnú dcéru: kai aneidon.

# KAI ANEIDON

And you, as I regard you, are no longer me. You are another woman.
You're guilty. In pre-mirror time. A pale-pink rose.
The whiteness of white walls. *I sharpen with a cut*. How much do
    I understand you?
*"And stabbed into the door's threshold you'll be trembling silently."*
    I with my hand
with the sharp end. With this pure approaching morning. Perfect form
tight before destruction. The seed of the dream poured into the
    ingot of night.
The vaulted insistent disturbance of space. Experimentally I rage
in total darkness. I must discover to whom the bones of the rag's
    mask belong.
A starless sky. A place where nothing grows. Womb dreams.
To whom do the animals, which don't even exist, belong?
    To whom the name? To whom the stone
which grows beneath the head? A sentence into
                          the tracks of forgiveness.
    How do you see me,
Lord? The sign of breath moving with language? Like a word
closed inside the duct of the throat? The prodigal
                              daughter: kai aneidon.

# ÍSŤ

objímaj deti veľmi tuho a potom ich
nechaj odísť: dcéry pamäti divé plody žien
trhajú sa sotva zacelené rany: zlé stopy
(čokoľvek v tebe ti môže ublížiť) nesmieš si
rozhrýzť srdce: si zo mňa iná, s horúcou krvou,
v prstoch žiarivá planéta s ligotavým prstencom
obracia sa k nám zo všetkých strán a potom tma
tmavšia ako predtým:
srdce
pod prísnymi očami chci sa ešte zachovať
v ročných obdobiach svetla v smrteľnej túžbe
po juhu si bez sĺz vrháš plavú hlavu sklonenú
do unikajúceho svetla, ale skús skús kruh
nie je nikdy dokonalý (praúzkosti moje
v tebe) ale je nebezpečné stratený čas
prudko doplňať…

## TO GO

embrace children very firmly and then
let them leave: daughters of memory the wild fruit of women
tear open wounds barely healed over: evil footprints
(whatever's within you can hurt you) you aren't allowed
to bite into the heart: you are other than me with hot blood,
in your fingers glowing planets with glittering rings
turn towards us from all sides and then the dark
darker than before:
your heart
beneath strict eyes still wishes to persist
in the yearly periods of light within a desire for death
through the south without tears you launched your fair head bent
towards the fugitive light, but try try the circle
it's never complete (my ancient anxieties
in you) but it's dangerous to make up
furiously for lost time…

## DÁMA S JEDNOROŽCOM

Som vo svojom hlase?
Hovorím, čo je najtesnejšie
v mojej krvi? Vsugerujem láske
svoju tvár, aby si ma v nej uvidel.
Obraciam sa zraniteľnejším.
Mám ísť ešte ďalej? Prísť za tebou
do života, pred narodením? Skloniť sa,
počúvať (prečo sa bojíš, prečo mám strach?).
Prijať podobu vytušeného:
vrstvenie dychu, jazykom
v obojstrannej tme. Vytrhnutá z času
v beztieňovom bytí, hlava Jednorožca
v lone (keď vysmädne, oblizuje slzy snov),
si navždy iná, budeš sa starať
o rozdielne (nevidím, nepočujem).

Predticho, achátová vrstva
v beztieňovom bytí (zosrstnatenie),
dotýkanie, obojstrannosť tmy…
červená: trhliny vo vetre,
modrá: mreža úst.

Rozrastanie.
Zatajený
dych
slo
va

**LADY WITH UNICORN**

Am I inside my voice?
Do I say what is tightest
in my blood? I suggest love
my face so you can see me in it.
I turn back more vulnerable.
Should I go even further? To come for you
into life before birth? To incline,
to listen (why are you afraid, why am I frightened?).
To accept the shape of anticipation:
layering of breath, by tongue
in the double-sided dark. Torn off from time
in shadowless being, the head of the unicorn
in my lap (when he thirsts he leaks a dream's tears),
you are forever other, you'll care
for the different (I don't see, I don't hear).

Pre-silence, layers of agate
in shadowless being (hair flaring),
touching, the double-sided dark…
red: chinks in the wind,
blue: the bar of a mouth.

Growing out.
Withholding
the breath
of the
word.

## KRÍDLATÁ ŽENA

V zvieracom sne;
srsť, vlhké nozdry, pohlavie,
kopytá –
Nepriepustné slovo;
medzi tu a
tam
Jednorožec
navždy uniká.

Krátky odpočinok;
trojoké svetlo
hľadá svoj zdroj.
Kamenné hadie hlavy
so smaragdovým pohľadom
znova chcú moje srdce.

Zaostrené; nožmi neúnavne
režúcimi,
Usmej sa,
všetko presne spočíva
vo svojom tvare;
ty nie.

Dotkni sa svojej tváre
(tej, s ktorou si zrástla),
stratená, dieťa,
prvýkrát sama v návratnom sne
(na ôsmom poschodí preliezaš po rímse
z okna do okna).

Nie si vinná? (dovnútra kryštalizujúca),
krvavoústa rovnako
v hrubom a jemnom prerieknutí.

Dotýkanie (spolu v hlase svetla).
Zlaty rez; rozpínajúca sa nežnosť
vnútroreč maskovaná
nemým zrkadlovým odrazom;

## WOMAN WITH WINGS

Within the animal dream;
hair, wet nostrils, genitals,
hoofs –
Impermeable word;
between here and
there
The unicorn
escapes forever.

A short respite;
triple eyed light
seeks its source.
Stony snake heads
with an emerald stare
wish for my heart once more.

Honed; by a knife's tireless
whittling,
Smile,
everything rests exactly
within its shape;
you not.

Touch your face
(the one you have grown with)
lost, a child,
for the first time alone in a recurring dream
(on the eighth floor you climb on to the ledge
from window to window).

You are not guilty (crystallising inside),
bloody-mouthed equally
in rough and fragile slips of the tongue.

Touching (together in the voice of light).
A gold section; expanding tenderness
masking innerspeech
with the mute mirror's reflection;

zakrič sa
medzi vdych
a výdych

vtáčieho svetla.

Svadobný srieň,
pole s náznakom severného vetra,
skameniem,
ak by som to znova stretla.

…ó, fénické lode pod úzkym mesiacom
s nákladom ľudského detstva, hlinené tabuľky
s vtáčími znakmi, amfory, prstene,
úlomky vesla…

Stratený pohľad, posolstvo
klesajúce stále hlbšie.
Dokonale vytvorená veta.

Teraz:
chcem sa dotknúť vecí,
ktorých si sa dotkol.
Ako slepá.

…táto bolesť sa musí zabalzamovať,
upokojiť, tíšiť, možno láskou, neurčitým
vedomím záchrany z toho, čo nás
ohrozovalo najviac, ale čomu sme sa
nevedome, vzopnutím vymkli, a tak hrôza
z toho, čím by sme mohli byť, ak
podľahneme, sa ukryla v iných miestach?
mlčanie nás zastavilo, cesta do básne,
z ktorej ochraňujeme svoje dôvody
k životu… v krajine Anjelov, kde každý
verš je prvý…

shriek
between the breath in
and breath out

of bird light.

A wedding hoarfrost,
a field with a hint of the north wind,
I'd turn to stone
if I met it again.

…O Phoenician ships beneath a narrow moon
with a cargo of human childhood, clay tablets
with bird prints, amphorae, rings,
splintered oars…

A lost gaze, the message
descending still deeper.
A perfectly made sentence.

Now:
I want to touch the things
which you've touched.
Like a blind person.

…this pain must be embalmed.
Calming, soothing, perhaps with love, uncertain
awareness of salvation from that which
menaces us most, but has what we
unheedingly lost control of through scorn, and thus
the horror of what we might be if
we succumb, been hidden in other places?
Silence has stopped us on the way to the poem
from which we safeguard our reasons
for life… in the country of the Angels where each
line is the first…

Ak si zmĺkla ťažko
prehovoríš znova

vody pretínajú most
(stojíš tu ako socha)

horizont zmizol
pod dotykom svetla

bledá voda pamäti
do priepasti detstva

pád na rovné nohy:
jazyk priložený do trhliny

zrkadlu chýba tvár
s tieňmi zimy

srdce si vydýchneš
ťažko prehovoríš znova

...vôňa ruží pod snehom,
slriebornú stopu
ťahá do...

Maska 1: smejeme sa s Annou
Maska 2: chlapčenská, pozorujeme
          prázdny priestor
Maska 3: nechcem byť ničím
Maska 4: vždy sa budem pozerať
Maska 5: vezmite si ma

...odmieta dotyky a túži po nich, položí
v autobuse horúcu dlaň na môj driek
a prepáli šaty...

Maska X: nikdy to nepoviem

If you find it hard to be silent
you'll speak out again

waters have cut off the bridge
(you stand here like a statue)

the horizon has vanished
beneath the touch of light

a pale water of memory
into the abyss of childhood

fall on straight legs:
tongue placed into the rift

the mirror misses the face
with its shadows of winter

heart you'll exhale
you'll find it hard to speak

…the scent of roses beneath the snow,
a silver track
leads to…

Mask 1: smiles with Anna
Mask 2: boyish, we observe
        an empty space
Mask 3: I don't want to be anything
Mask 4: I'll always be watching
Mask 5: take me

…refuses touches and the desire for them, in the bus
places a hot palm on my waist
and burns my clothes…

Mask X: I'll never say so

...a ty sa dívaš: akoby zo dna dolovali
diamant: akoby odtiaľ neustále šumel
piesok: akoby odtiaľ večne čnelo slovo:
akoby si rozsýpala, čo nemáš: akoby si
rozbíjala diamanty: akoby si počúvala vždy
to isté slovo: akoby to bolo obrátenou
modlitbou, cúvaním do tesnej abecedy, do
jedinej samohlásky... toto odpusť, Bože,
a dovoľ... *„láska je úcta k vlastnej
hĺbke"* a za tým v krvi nahé slovo...

…and you gaze: as if from the bottom they extracted
a diamond: as if sand rustled unceasingly
from there: as if a word protruded forever from there:
as if you had poured out what you do not have: as if
you had broken diamonds: as if you always heard
the same word: as if it were a prayer
turned round, a reversing into a narrow alphabet, to
a single vowel… forgive this, Lord,
and permit… *"love is regard for one's own
depth"* and beyond this in the blood the naked word…

**PREHLIADNUTIE**

:ty si ten, ktorý v sú-
hre s rukou, ktorá vie, pred-
určuješ tvorenie…
pozri mi do očí',
zotrvaj v mojom zraku,

chcem byť zvukom za
týmto svetom,
hlasom, ktorý ťa odtiaľ
osloví:

**SCRUTINY**

: you are the one who in the inter-
play with a hand which knows, pre-
determines creation…
look into my eyes,
stay within my gaze,

I want to be a sound beyond
this world,
a voice to you
addressed:

## CLARA ET DISTINCTA

skladanie tela
britvy
sklo súmraku
to úzke jemné
kamenné je
z iného času
cudzia únava
pomalé ponáhľanie
pohlavia
sťahovanie môjho
sveta
z kože

## CLARA ET DISTINCTA

assembling the body
razor
glass of dusk
narrow tender
stony this is
from another time
strange tiredness
slow hastening
of genitals
relocation of my
world
from skin

Byliny v neviditeľnom
raste. Predlžovanie
tiel. Praskanie kvílivých
vlákien. Pozdĺžne
rozrezaných žíl. *Len
pýr trýzne pretrvá.* Pupočná
šnúra smrti ťahá sa pred tebou.
Hovoria ústa slov: My tu budeme
dlho a teba sa to netýka.

Čas nie je pozorný voči môjmu času.

Všetko vo mne ma môže zraniť.

೩

Herbs in invisible
growth. The extending
of bodies. Cracking of lamenting
filaments. Veins cut
lengthways. *Only
the blush of torment endures.* The navel
cord of death is tugged in front of you.
The lips of words speak: we shall be here
for a long time and it is no concern of yours.

Time is not considerate towards my time.

Everything within me can harm me.

༷

Vy, ktorí ste sa priblížili k duši rastlín,
opakujete to znova, ešte ste nezanechali pohanské
zimoviská, amulety, stély, menhiry, pohrebiská plné
nádherných nádob bez pokrmov, žrebce s napnutou
hladkou kožou *nozdry sa im chvejú pred párením*,
nezostáva už veľa času, treba odovzdať dary
(z dvojostria noža ešte tečie krv), ohňu
rozumie len oheň, ktorý živú
obeť *obráti na* dym.

∽

You, who drew near the soul of growing things,
repeat it again, you still haven't relinquished the pagan
winter places, amulets, stela, menhirs, burial grounds full
of wonderful earthenware without meals, a stallion with tensed
sleek skin *nostrils trembling before mating*,
not much time remains, gifts need to be handed over
(from the doubly-sharpened knife blood still flows), only fire
understands fire which a living
victim *changes into* smoke.

## NOSTALGIA
*pre Laca Kvasza*

#### XIII
Som tá, ktorá som, prechádzam
stĺporadím zrútených katedrál,
ktoré predomnou vrastajú
do krajiny; pahorky smrti
plné kostí,
za oknom mesiac (v láskavom ráme),
brána zo sna otvorená snom,
navždy chceš ísť domov
do jaskyne slov;
priestor plný napätia a ticha,
nôž zrkadla, svetlozlaté oko,
tušenie; príkaz. Si. Zomieraš
tomu, čo práve dýchaš.

#### XII
Odmietnuté ešte pred vyslovením,
ľahká horúčka detstva;
stálosť pamäti? Kráča hore
po schodoch, ktorými zostupuje.
Ušľachtilá štíhlosť
milovaných tiel; ostrovy
pri-márnych bolestí;
ne-dotýkanie.
Nežnosť, ktorá vytepáva
striebro sŕdc.
Bolesť a údiv. Únik hrôze.
Znova? A zase?

#### XI
Závrat. Telá vybavené
zúfalstvom. Vnútorné tiene; svetlá vody.
Čo v nás je božie? Zápasy so snom?
Prítulnosť pokožky, zraniteľnosť v slove?
Tichá dohovorenosť tiel duší?
Zviditeľnenie.
Sebepriznanie túžby. Pretrvávanie

## NOSTALGIA
*for Laco Kvasz*

### XIII
I am what I am. I pass
by the colonnades of crumbling cathedrals
which are taking root in front of me
in the landscape; hills of death
full of bones,
beyond my window the moon (tenderly framed)
a gate from dream opened by a dream,
you wish to go home forever
to the cave of words;
a space full of tension and quiet,
the mirror's knife, a light-gold eye,
foreboding; a command. You are. You are dying
precisely from what you breathe.

### XII
Rejected even before utterance,
the light fever of childhood;
the persistence of memory? It marches up
the stairs it descends by.
A noble slenderness
of beloved bodies; islands
of first-fruitless pains;
an un-touching.
A tenderness which works
the silver of our hearts.
Pain and wonder. The evasion of horror.
Anew? And again?

### XI
Giddiness. Bodies outfitted
with despair. Interior shadows; water lights.
What is divine in us? Combats with a dream?
Affection for skin, helplessness within a word?
The silent consent of the bodies of souls?
An incarnation.
Self-acknowledgement of desire. Lasting

vo svojich svetoch (svetlách). Tušenie pri-
bližujúce k bytiu ne-u-stále sa
vzďalujúcemu: každou smrťou, každou
láskou, každou básňou?

### X
Žena medzi závojmi stien,
vždy, keď sa pohne
zbavuje sa jednej z možností;
zvoliť ušľachtilosť milovania?
samovražedne uhýbať rozkoši?
Tam; dievčatko-žena (štíhle členky,
biele, zrolované podkolienky – nie je jej zima?)
pozerá ako sa pária kone:
...chvenie, pohľadom zobudené
oči pohlavia sa pohladia...

### IX
Trhá sa záclona; s ňou malý zúriaci anjel.
Záblesk sna; organtínová zásterka.
Detstvo; sú-hry? Roz-
delené do slov: životne dôležité ne-
zmysly, prchajúce do temnoty
v okamihu vyslovenia.
Ne-za-krytosť, jemné kopírovanie
prírody, perspektíva pahorkov (zvestovanie?)
taju-plná mäkkosť lemujúca renesančné portréty.

### VIII
Ne-jasne sa rozpamätať
na tie isté príbehy;
zasvätenie otvorením pravdy
krásou, cez ktorú sa vyjavuje;
Nastasja Filipovna spasí svet?
Sú posledné veci: smrť a súd.
Ne-u-tajenosť tajomstva,
ne-pred-vídateľnosť Jeho ciest.

within our worlds (our lights). Forebodingly
approaching being, insecurely
receding: by every death, by every
love, by every poem.

### X
A woman amidst veils of walls,
always, when she moves
she rids herself of a possibility;
choosing the nobility of loving?
self-murderously deflecting passion?
There; the girl-woman (slender-ankled,
white, stockings rolled down – isn't she cold?)
watches how a mare and stallion couple
…trembling, titillated by the sight
the eyes of sex fondle one another…

### IX
The curtain tears; with her a small furious angel.
The flash of a dream; an organdie apron.
Childhood; are-there-games? Di-
vided into words: vivacious, important non-
sense, fleeing into darkness
at the moment of utterance.
An un-veiling, a delicate copying
from nature, a perspective of hills (annunciation?)
mystery-full softness hemming Renaissance portraits.

### VIII
To recall un-clearly
in these settled tales;
consecrated by the opening of truth
by the beauty through which it appears;
does Natasha Filipovna redeem the world?
There are last things: death and judgement.
The un-covering of a secret,
the un-fore-seen nature of His ways.

### VII
Odkiaľ sa vrátiť? Kde je úkryt?
Pod snehom kvitnúce broskyne;
tieň muža nad svetlom ženy,
dvojdych. Bezpodmienečne sa prijať.
Večne ne-
dokončení tu chýbať. V tele svetla,
v čistote geometrie.

### VI
Návratný sen:
Zrkadlenie v tele ženy
po hrdlo (zakopaná) v zemi.
Popretie lásky. Anjeli v čiernom perí.
Smrteľne otvorená snom,
s ktorými sa zmieri?

### V
Hladké, láskavé vody. Plávanie na-
znak. Krátke nadýchnutie medzi
ponoreniami – hlboké maternicové
brehy vy-
hnanie z raja. Za aké viny?

### IV
Obeť je čin (za všetky viny?)
ktorý sa nás zrieka
aby sme mohli ďalej pre-
bývať v jeho čistote.

### III
Animus; eius creatum.
Písmená Boha pre-
svetľujúce srdce tieňa.

VII
To return from where? Where is the hiding place?
Under the snow peaches bloom;
a man's shadow above a woman's light,
twinbreath. Receiving each other without conditions.
Lacking in-
conclusion here forever. In the body of light,
in the purity of geometry.

VI
Recurring dreams:
Mirrored in a woman's body
up to her neck (buried) in the earth
The denial of love. Angels in black feathers.
Mortally opened by a dream,
with what will she be reconciled?

V
Smooth, loving waters. Swimming back-
stroke. The quick intake of breath between
dives – the deep womblike
banks ex-
pelled from paradise. For what sin?

IV
The sacrifice is a deed (for every sin?)
which repudiates us
so we can dwell longer
in his purity.

III
Animus; eius creatum.
The letters of God i-
lluminate the shadows of the heart.

II
Všetko je spln? Aj to ne-
splnené? Sme spomienkou seba?

I
Neviem.

II
Is all a full moon? Is it also un-
fulfilled? Are we the memory of ourselves?

I
I don't know.

## HLBOKÝ LOV

Jednokrídla.

Hluchá. Slepá. Nemá.

Súlad pocítiš prstami.

Rastlinožena.

Ak teraz zastane.

Už sa nebude vedieť pohnúť.

Pieskoreťaz.

Polokruh.

Utajené ovíjanie.

Slovo hustejšie a hustejšie.

Zasvätenie: obeť zabíja lovca

**DEEP HUNT**

Single-winged.

Deaf. Blind. Mute.

Harmony you sense with your fingers.

Plant-woman.

If she stops now.

She won't be able to move any more.

Sand-chain.

Half-circle

Latent winding.

The word denser and denser.

Initiated: prey kills hunter

Pokožka lesa
priesvitnosťou praská,
otvory do dna rieky,
brány zabudnutého jazyka
alebo labyrintu tela,
premietanie: čas bez teba (potom)
takto sa trestám v prázdnych
letných izbách ozvučených
svetlom (ligot pupočnej šnúry
smrti), otvorená pre jeden pohyb,
zatvorená pre každé slovo,
ešte nechcem prejsť za zrkadlo:
ešte je v ňom moje svetlo naznačujúce
zotrvanie (jeseň rez žiletkou po skle),
nie je už nič, čo by som nechcela skryť, zakoreňujem sa
                                                              vo svete,
v ktorom
je pre mňa málo miesta…

slepá symetria ideálnej krásy

The complexion of the forest
crackles with transparency,
openings to the river bed,
gates of a forgotten tongue
or the labyrinth of the body,
projecting: time without you (then)
thus I punish myself in empty
summer rooms resounding
with light (the glitter of a navel cord
of death), opened for a single movement,
closed for each word,
I don't want to go through the mirror yet:
there's still my directing light
remaining (an autumn cut with a razor blade on glass),
already there's nothing that I wouldn't want to hide, I'm putting
                                          down roots in a world
in which
there's a little space for me…

blind symmetry of ideal beauty

## RASTLINNÉ DENNÍKY

1
Medené sošky.
Mŕtva žena sa modlí
pred bohom slnka...

2
Vegetačný zvrat:
piesky naviate v roklinách.
Pusté pastviny zverokruhu.

3
Slovo, ktoré sa prediera k svetlu.

4
Kde je začiatok buniek mojich
rastlinných pletív?

5
Zapamätaj si, čo si
zabudla, keď sa to znova
vráti budeš iná.

6
V prstoch oddychujúce svetlo vecí.
Plytvanie. Vláčna vlhkosť stehien.

7
Nádych a výdych. Ešte smieš. Väzby
zbavené minulosti. Veci stratené
v snehu. Veci stratené v ohni.

8
Tvoje telo vrátené k sebe vodou:
nepočúvaj v sebe čo je cudzie.

**VEGETABLE DIARIES**

1
A little copper sculpture.
A dead woman prays
to the god of the sun.

2
A vegetative reversion:
sand blown in ravines.
Waste pastures of the zodiac.

3
A word which strains towards the light.

4
Where is the beginning of my cells'
vegetable tissue?

5
Remember that when what
you've forgotten returns again
you'll be different.

6
In fingers resting the light of things.
A squandering. The pliant dampness of your thighs.

7
Breathe in and breathe out. You're still allowed to. The bonds
of the past loosened. Things lost
in the snow. Things lost in fire.

8
Your body returning to itself through water:
don't listen to what is strange within you.

9
Predbieha nás predbiehavosťou. Môj
čas má v špirále menej záhybov. Tvrdé
drevo detstva. Prikladám na oheň.

10
Zachraňujem sa malými dennými smrťami.
Srna hľadá Severku. Dolu k sebe rastú
stromy v splne chvejúcom sa nad nimi.

11
Dnes temnejšie ako včera. Strhávam ťa
so sebou. Kúsok tehly. V dlani ostrý
črep. V túžbe cez nedostatok túžby.

12
Chcela by som svet bez slov. Zadusiť
chladnú a divokú myšlienku: ľahnúť si
na zem a počuť všetko

9
It overtakes us by overtaking. My
time has fewer folds in the spiral. The tough
wood of childhood. I add it to the fire.

10
I protect myself with little daily deaths.
The roe seeks the north. Below trees grow
towards themselves in a full moon trembling above them.

11
Today darker than yesterday. I pull you down
with me. A piece of brick. In my palm a sharp
splinter. In desire through the lack of desire.

12
I would like a world without words. To stifle
cold and savage ideas: to lie on
on the earth and listen to everything

dla ATLAS PIESKU

**Sebastiana chce byť slovom tela**

medzi tebou a mnou nech sme akokoľvek blízko
slovo je vždy medzi. pozorujem pozorovanie. ako
                                      dlhý lúč
pretne ráno vždy ten istý obraz. ako hovoríš. to
                                      čo si
povedal. slovo je vždy medzi. nič len slovo medzi slovom
ktoré je nič. ako hovorí. to čo povedala. až po kostru
slov ktoré striehnu pod pokožkou hotového
(nedokončeného) textu tela.

*the way you moved through me*

**from THE ATLAS OF SAND**

**Sebastiana wishes to be the word of the body**

between you and me however near one another we are
the word is always somewhere between. I observe the observing.
                                              as a long ray
always cuts across the same picture in the morning. as you say. this
                                                  is what you
said. the word is always between. nothing but a word between a word
which is nothing. as she says. this is what she said. until the skeleton
of words which pursue under the skin of the completed
(unfinished) text of the body.

        *the way you moved through me*

**Sebastiana v záhrade**

priveľa vie o mne moja záhrada. moje rastliny rastú
v tebe bezo mňa. korene sa dotýkajú v lone. všetky
slová. v záhrade tela. *mimo sna.* je miesto
      kde nič
nerastie. stopa vzdialených úst. vydýcha si jaskyňu
pre snové korene. medzi ohradou a múrom. voda stále
neviditeľne v listoch stúpa. tieň ako nôž. dievčatko
si zroluje podkolienky. už by mala byť doma. koža
      splnu
sa roztiahne nad tiene. počuje svoje telo: krajina
okolo ako cudzinec. tekutá. s dvomi dušami. bude nahá
keď prídeš. reč v ktorej hovoria tiene: sestra spí
v bratovom mene…
      )*à George Trakl*(

Abgeschiedenheit = odlúčenosť

**Sebastiana in the garden**

my garden knows too much about me. my plants grow
in you without me. in my lap roots touch. all
the words. in the garden of the body. *besides the dream.* a place
        where nothing
grows. the trace of a distant mouth. it exhales a cave
for dream roots. between the fence and the wall. water always
rises invisibly in leaves. a shadow like a knife. a little girl
rolls down her leggings. she already should be at home. the skin
        of the full moon
unfolds over shadows. she listens to her own body: the landscape
around like a stranger. fluid. with two souls. she will be naked
when you come. the language in which shadows speak:
                                          the sister sleeps
in her brother's name…
                )*à George Trakl*(


        Abgeschiedenheit = separation

**Sebastiana trápi nielen seba**

šikmý svah tela. blízkosť mohla byť aj iná.
                         sklon
k rýchlym ranným snom. súhvezdia sú hniezda. paralelná
rieka s dlhými tieňmi. arkády. tvrdé vrstvy svedomia.
tento konár sa nezlomí? ako si márni život. nechtami
o stenu. husté stopy. vtáčích krídel v priestore. dvaja
z toho istého dna. ponornej rieky. čas sa im zužuje
teraz niečo iné svieti. prerazí hrubé múry. ťažké hmlisté.
skoro nikto sa už na to nepamätá. dvaja z toho istého sna
pod kamenným viečkom. spadnuté hniezdo dravca: perie.
krv.
tma.




                narodenie zrkadla

**Sebastiana torments not only herself**

oblique slope of the body. nearness should be different, too.
                                                    the inclination
towards rapid morning dreams. a constellation is a nest. the parallel
river with long shadows. arcades. the hard layers of conscience.
won't this branch break? the way she squanders her life. her
                                                        fingernails
against the wall. dense traces. of the wings of birds in a space. two
from the same bed. of the underground river. time contracts them.
now something else shines. it breaks through thick walls.
                                                    heavily misty.
almost nobody recalls it now. two from the same dream
under a stone eyelid. the collapsed nest of a carnivore: feathers.
blood.
darkness.







      the birth of the mirror

**Súrodenci**

  pohľad, ktorý nič nevychýli
zostáva upretý cez veci
k (ne)dosiahnuteľnému obzoru.
zmierenie so svet(l)om.
akoby navždy nebola.

 v záhrade pre vzdialených spáčov
ponúkajúcej jemný mak sa pod viečka
preklopí októbrová hmla. pozri tu je miesto
kde nič nerastie. pozri na ľahké odtlačky
kde možno vyrastie )medzi záhradou a múrom(
tvoja tvár s maskou anjela

              à Margarete Trakl

ako byť s mužom bez tela

**Siblings**

the view, which will deflect nothing,
remains constant through things
towards the (un)attainable horizon.
reconciliation with the wor(l)d
as if it had never existed.

in the garden for distant sleepers
offering a gentle poppy will draw
october mist beneath eyelids. look here is the place
where nothing grows. look at the light casts
where perhaps )between garden and wall(
your face grows with the mask of an angel

               per Margarete Trakl




like being with a man without a body

**Sebastiana tu v slučke slova**

pozorujúca *pozorovaná* vnútorná kamenná brána
)ťažké otváranie tela slov( útrobné dýchanie
luminiscencia vokálov každé popoludnie
si ľahnúť s ním a nevedieť o ňom nič

   skoro dokonalá správa
   ako smútok za miestom
ktoré opúšťame kde sme nemilovali
krídla roztiahnuté roztrhnuté
   vodná priepasť
            dom vody




ne-za-krytosť

**Sebastiana here in the noose of the word**

watching the *watched* inner stone gate
)a difficult opening of the body of the word( entrails breathing
the luminescence of vowels every afternoon
lying with him and knowing about him

   almost complete news
  like sorrow from a place
 which we leave where we didn't make love
wings unfolded torn
  watery chasm
         a house of water




dis-covert

**atlas piesku: fotografované**

úst hrdla lona                    nadpis
jašterice snívajúce konce mojich snov
jemnozrnné telá
zvlečené z iných pokožiek
znásilnenie pod pyramídou v Gize
začína sa soľou na riasach
rukami zastavujúcimi priestor
dvojznačne
neobzrieť sa
neodoprieť si svetlo
dokončený prípad Franza




navrstvené tienenie

**the atlas of sand: photogravure**

lips of the throat of the lap        heading
a lizard's dreaming the endings of my dream
tendergrain of bodies
divested of other skins
raped beneath a pyramid in Giza
it begins with salt on eyelashes
with hands halting a space
ambiguous
not withholding light
the completed
case of Franz




stratified shading

chlapec:
detstvo trvalo v temnom úkryte všetky múry a zrkadlá
kadencia skutočného hlasu odtiene predĺžených slabík
spoznávanie bledé čelo anjela zloží si nočné krídla
v stave púšte namiesto
vetra a svetla túžba a láska
dievča:
som žena ktorá píše smrteľné zamieňanie tela
neprítomnosť ťa mení na moju reč si pulz mojej krvi
pancier oka sa zaskvie pod maskou
zabudnutie je horšie ako smrť
priestor vášne vymedzený kožou ako kráčam k tebe
ty si Rafaela pýtam sa vo sne
nie nie som to ja ty predsa vieš kto som




nepohni sa bez toho aby si vedela

a boy:
a childhood endured in the dark shelter of all walls and mirrors
cadence of the real voice shades of elongated vowels
the identified pale brow of the angel will remove its night wings
in the condition of wilderness in stead of
the wind and desire for light and love
a girl:
i am a woman who writes the deathly change of the body
absence changes you into my speech you are the pulse of my blood
the carapace of the eye will shine beneath the mask
forgetting is worse than death
the space of passion defined by skin as i walk towards you
are you Raphael i ask in my dream
no it's not me you surely who i am




don't stir without this if you are to know

daguerrotypia
strieborné sklenené platne
12x21 cm
diptych (profil en face)
fotografia času pred stvorením snov

sťahovanie kočovníckych dcér (zlatá keltská konská maska
červenovlasý ľavoruký v púšti na okraji priepasti púšte
spať)
farba nôž hrot-ostrie
slabikovať očami
slabiky oka

studené rána detstva z útržkov koží (padanie zlatých
masiek)
každé ráno fotografia sna
pre-telesnenie pre-sťahovanie dcér
neodvratne
    rudimentárne meno   (on)




nakreslená tvár vrások (ja)

daguerreotype
silver glass plates
12x21 cm
diptych (profile en face)
a photograph of time before the creation of dreams

the migration of nomadic daughters (the golden celtic horse mask
red-haired left-handed in the desert on the edge of the desert's abyss
asleep)
colour knife cutting-edge
spelling by the eyes
syllables of the eye

cold mornings of childhood from chapped skin (tumbling gold
masks)
every morning a photograph of a dream
re-bodiment re-migration of the daughters
inevitably
   a rudimentary name   (he)




a sketched face of wrinkles (i)

v predtichu púšte telá opustené tvarom
(zrušenie stredu elipsoidný kruh)

som zodpovedná len sebe?
zaklínam *(sa)*

zachráň (ma) (sa)
spev bez spomienok (dotyk)
miesto pre to čo vidím (v tebe)
vypovedať náhodou
reč reči stéla slovo
varovný anjel nie





merať bolesť

in the pre-silence of desert bodies abandoned by their forms
(the abolition of the centre an ellipsoid circle)

am i responsible only for myself?
i curse *(myself)*

preserve (me) (yourself)
a song without reminiscence (touch)
a place for what i see (in you)
to express by chance
the utterance of utterance a stela the word
a cautionary angel no




measuring pain

vegetačný zvrat: piesky naviate v roklinách
slovo ktoré sa prediera k telu
kde je začiatok konca mojich buniek rastlinných pletív,
zapamätaj si telo, ktoré si zabudla: keď sa ti znova vráti
budeš iná.
v hrdle dýchajú telá slov: zahusťujú (mapu)(reč) jemnejšími
znakmi. (3.3.2000)




sloveso je silou jazyka.

a vegetative reverse: sand dunes in ravines
the word which crawls towards the body
where there is the beginning of the end of my cells of growing tissue,
remember the body which you have forgotten: when it
                                          returns once more
you will be another.
in the throat the bodies of words breathe: they thicken (a map) (speech) from more delicate
signs. (3.3.2000)




verb means the strength of language.

**GRADIVA**

*Chcela by som viac čistoty do svojho života...*

    Kráča za ohrady divokých záhrad, je tam doma,
jaskyne, priepasti, priezračné roviny,
    pozerá hore, *ešte* existuje slovo *vták,*
pod maskou svetla k srnrti priľnutá tvár (spolu
s maskou ju stiahne a

    vzdiali sa).

    Pozerá zblízka na vtáčie hniezda v korune
stromov, už je vela prázdnych (skoro rovnakých),
ale tí, ktorí zostali, sú tu.

    Stratí sa v kovovom lesku peria (netúži
ani písať), drží sa pod ich krídlami, keď letia, a

    pozerá dolu, kde v súmraku sa smädní, čo vedia,
náhlia k neprístupnému prameňu...

*pre každé slovo mať jeden život...*

**GRADIVA**

*I would like more purity in my life...*

   She walks behind the enclosures of wild gardens, she is
                                                     at home there,
caves, chasms, the translucent plains.
   she looks up, it *still* exists the word for *bird*,
under a mask of light a face adheres to death (together
with the mask she lowers it and

   departs).

   She looks closely at a bird's nest in the crowns
of trees, many are already empty (almost the same,)
but those who have remained are here.

   She will vanish in the sheen of metal feathers (she doesn't even
wish to write), she keeps herself under their wings when they fly and

   she looks down where in the twilight she thirsts that they know,
they hurry to an inaccessible spring...

*for every word to have one life...*

## ZÁHRADA KASSANDRY

*„Ah! red leafed time hath driven out the rose
And crimson dew is fallen..."* (Ezra Pound)

nahé znásilnené zavraždené, ich telá dlhé týždne
ležia pod tlejúcim lístím, často nevedia ich mená

nezvestné

**THE GARDEN OF CASSANDRA**

*"Ah! red leafed time hath driven out the rose*
*And crimson dew is fallen ..." (Ezra Pound)*

naked raped murdered, long weeks their bodies
lie under rotting leaves, often they don't know their names

missing

MILA HAUGOVÁ was born in 1942 in Budapest and spent her early childhood in post-war Europe moving from place to place in Czechoslovakia before settling in 1954 in Zajača Dolina with her family. Following her studies at agricultural college (in the early 1960s a refuge for kindred spirits with an interest in the arts), she took up a teaching post in an agricultural technical school in Levice, married a colleague in 1967 and emigrated to Canada. A year later she returned and, in 1972, moved to Bratislava where she was employed as a teacher in an elementary school and, in her spare time, immersed herself in literary work. Her first collection of poems was published under a pseudonym in 1980, with her next collection – published under her own name – appearing in 1983. Since that time she has published ten further collections of poetry, the most recent of which (*Genotexts*) appeared in 2002.

From 1986 to 1996, Mila Haugová was editor of the important literary journal *Rhomboid*. As well as being one of Slovakia's leading poets, she is also highly regarded as a translator.

VIERA & JAMES SUTHERLAND-SMITH are leading translators of Slovak poetry into English. James was responsible for the first anthology of contemporary Slovak poetry translated into English, *Not Waiting For Miracles* in 1993 and since then he and Viera have translated the selected poems of a number of individual Slovak poets including Ján Búzassy, Ivan Laucík, Jozef Leikert and Milan Rúfus.

Viera teaches English and Psychology in a vocational secondary school in Slovakia and James is Project Manager for the Peacekeeping English Project advising the Armed Forces of Serbia and Montenegro. James's last collection of his own work was *At the Skin Resort* (Arc, 1999).

FIONA SAMPSON
Fiona Sampson's poetry collections are *Folding the Real, Picasso's Men* and *Birth Chart.* She has also

published several books theorising the writing process, including *The Self on the Page, The Healing Word* and *Creative Writing in Health and Social Care*, based on her pioneering work with writing in health care. Awards for her poetry include the Newdigate Prize. Dr. Sampson is AHRB Research Fellow in the Creative and Performing Arts at Oxford Brookes University, and Editor of *Orient Express*, a new journal of contemporary writing from the E.U. Enlargement Countries.

Also available in the
Arc Publications
'VISIBLE POETS' SERIES
(Series Editor: Jean Boase-Beier)

No. 1
MIKLÓS RADNÓTI
(Hungary)
*Camp Notebook*
TRANSLATED BY FRANCIS JONES
INTRODUCTION BY GEORGE SZIRTES

No. 2
BARTOLO CATTAFI
(Italy)
*Anthracite*
TRANSLATED BY BRIAN COLE
INTRODUCTION BY PETER DALE
(Poetry Book Society Recommended Translation)

No. 3
MICHAEL STRUNGE
(Denmark)
*A Virgin from a Chilly Decade*
TRANSLATED BY BENTE ELSWORTH
INTRODUCTION BY JOHN FLETCHER

No. 4
TADEUSZ RÓŻEWICZ
(Poland)
*recycling*
TRANSLATED BY BARBARA BOGOCZEK (PLEBANEK) & TONY HOWARD
INTRODUCTION BY ADAM CZERNIAWSKI

No. 5
CLAUDE DE BURINE
(France)
*Words Have Frozen Over*
TRANSLATED BY MARTIN SORRELL
INTRODUCTION BY SUSAN WICKS

No. 6
CEVAT ÇAPAN
(Turkey)
*Where Are You, Susie Petschek?*
TRANSLATED BY CEVAT ÇAPAN & MICHAEL HULSE
INTRODUCTION BY A. S. BYATT

No. 7
JEAN CASSOU
(France)
*33 Sonnets of the Resistance and other poems*
WITH AN ORIGINAL INTRODUCTION BY LOUIS ARAGON
TRANSLATED BY TIMOTHY ADÈS
INTRODUCTION BY ALISTAIR ELLIOT

No. 8
ARJEN DUINKER
(Holland)
*The Sublime Song of a Maybe*
TRANSLATED BY WILLEM GROENEWEGEN
INTRODUCTION BY JEFFREY WAINWRIGHT